Tandis que ie suiuray mon tours
Profittez des beaux Iours.

CADMUS

ET

HERMIONE,

TRAGEDIE

REPRESENTE'E

DEVANT SA MAIESTE' A SAINT
Germain en Laye le cinquiéme jour d'aoust
mil six cens soixante dix-huit.

A PARIS,

Par RENE' BAUDRY, Imprimeur du Roy.

M. DC. LXXVIIJ.

Par exprés Commandement de Sa M

ACTEVRS
de la Tragedie.

CADMUS, *Fils d'Ageuor Roy de Tyr, & Frere d'Europe.* Monſieur Gaye,
Premier Prince Tyrien, Monſieur Clediere.
Second Prince Tyrien, Monſieur Gingan, Cadet.
ARBAS, *Affriquain de la Suite de Cadmus,* Mr Morel.
Deux autres Affriquains Compagnons d'Arbas, Meſſieurs Langeais & Fernon, Cadet.
Le Page de Cadmus.
HERMIONE, *Fille de Mars & de Venus,* Mademoiſelle La Carde.
CHARITE, *Vne des Graces, Compagne d'Hermione,* Mademoiſelle Ferdinand, la Cadete.
AGLANTE, *Autre Compagne d'Hermione,* Mademoiſelle Pieſche.
La Nourrice d'Hermione, Monſieur le Roy.
Le Page d'Hermione.
DRACO *Geant, Roy d'Aonie,* Monſieur Godoneſche.
Quatre Geants Suivans de Draco.
Le Page du Geant.
JUNON, Mademoiſelle Desfronteaux.
PALLAS, Mademoiſelle Bony.
L'AMOUR, Le Signor Anthonio.
Vn Grand Sacrificateur de Mars, Monſieur Godoneſche.
Vn Timballier, Le Sieur Philidor.

á ij

Pluvigny.

Furies.

ION, *Vn des Combattans des Enfans de la Terre,* M
e Cointre.

PITER,   Monsieur Estival.
NUS,   Mademoiselle Piesche.
YMEN,   Monsieur Langeais.

Scene est dans la Contrée de la Grece qui estoit appellée Aoni,
& que Cadmus nomma Bœotie.

ACADEMIE ROYALE
DE MUSIQUE.
AU ROY.

RAND ROY, dont la Valeur
étonne l'Univers,
J'ay preparé pour Vous mes plus char-
mans Concers ;
is je vien vainement Vous en offrir les charmes,
s ne tournez les yeux que du costé des Armes ;
s suivez une Voix plus aimable pour Vous
les foibles appas de mes Chants les plus doux,
courez où la Gloire aujourd'huy Vous appelle,
s qu'elle a parlé, Vous n'escoutez plus qu'Elle.
destinez icy mes Chansons, & mes Ieux,
Divertissemens de vos Peuples heureux ;

Et lorsque Vous allez jusqu'au bout de la Terre,
Combler Vos Ennemis des malheurs de la Guerre,
Vous laissez, en cherchant la peine, & les Combats,
Les plaisirs de la Paix au Cœur de vos Estats.
   Mais croyez-vous, GRAND ROY, que la
     France inquiete
Puisse trouver sans Vous quelque douceur parfaite,
Et que rien de charmant attire ses regards,
Quand son bonheur s'expose aux plus affreux Ha-
     zards ?
Non, l'on ne craint que trop Vostre ardeur Heroïque,
Iusques à Vos Sujets l'effroy s'en communique,
Ceux que Vous attaquez ont moins à se troubler,
Nous avons plus à perdre, & devons plus trembler.
L'Empire où Vous regnez, sans chercher à s'ac-
     craistre,
Trouve assez de grandeur à Vous avoir pour
     Maistre,
Vostre Regne suffit à sa felicité,
Souffrez qu'il en joüisse avec tranquilité.
Soyez content de voir au seul bruit de Vos Armes
Tant d'Estats agitez de mortelles allarmes,
Vos plus fiers Ennemis abattus pour jamais,
Et l'Univers tremblant Vous demander la Paix.

Qu'un Peuple dont l'orgüeil attira la Tempeste
Par son abaissement l'escarte de sa teste,
Et quand il n'est plus rien qui puisse resister,
Que la foudre en Vos Mains desdaigne d'esclatter.

un regard adoucy calmez la Terre & l'Onde,
Vous contentez pas d'estre l'Effroy du Monde,
songez que le Ciel Vous donne à nos desirs.
ur estre des Humains l'Amour, & les Plaisirs.

ACTEURS
DU PROLOGUE.

PALE'S.
MELISSE. } *Divinitez Champeſtres.*   Mad. la Gard
                                          Madem. Bon

TROVPE de Nymphes & de Paſteurs chantans, Meſ-demoiſelles Ferdinand l'aiſnée, Pluvigny, Rebel & Paiſible ; Mʳˢ Typhaine, David, Bernard, Moreau, Frizon, Pluvigny, Stival, Poüilladon, le Cointre, Rebel, Serignan, Duhamel, Develoys, le Maire, Perchot & Aubert.

LE DIEU PAN,   Monſieur Morel.

ARCAS *Compagnon de Pan,*   Monſieur Langeais.

SUIVANS DE PAN *qui dançent,*   Mʳˢ Favier l'aiſné, Leſtang, Joubert, Favier, Cadet.

SUIVANS DE PAN *qui joüent de la Flûte,* Les Sieurs Pieſche fils l'aiſné, Hotteterre, Philidor & Duclos.

L'ENVIE,   Monſieur le Roy.

QVATRE Vents ſoûterrains.

QVATRE Vents de l'Air.

SIX Vents ſoûterrains dançans,   Mʳˢ Foignac l'aiſné, Foignac cadet, Pezan, Noblet, Mayeux, Chicaneau.

LE SOLEIL,   Monſieur Clediere.

DEVX Bergers dançans,   Meſſieurs Faure & Magny.

DEVX Bergeres dançantes,   Mʳˢ Arnal & Bonard.

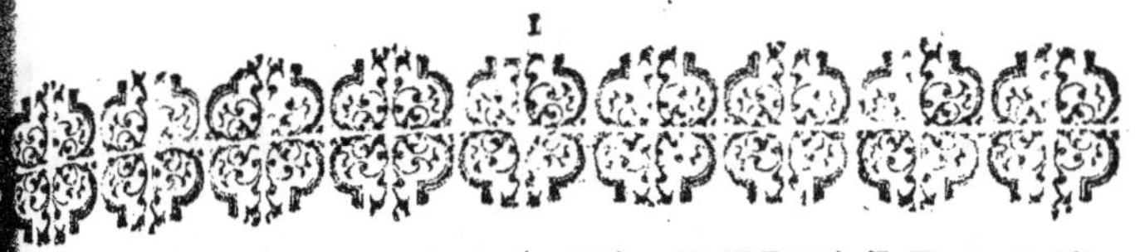

LE SERPENT PYTHON.

PROLOGUE.

L E sujet de ce Prologue est pris du premier Livre & de la huitiéme Fable des Metamorphoses, où Ovide décrit la naissance & la mort du monstrüeux *Serpent Python*, que le Soleil fit naistre par sa chaleur du limon boureux qui estoit resté sur la terre aprés le Déluge, & qui dévint vn Monstre si terrible, qu'Apollon luy-mesme fut obligé de le détruire.

Le sens allegorique de ce sujet est si clair, qu'il est invtile de l'expliquer. Il suffit de dire que LE ROY s'est mis au dessus des loüanges ordinaires, & que pour former quelque idée de la grandeur & de l'éclat de sa Gloire, il a falu s'élever jusques à la Divinité mesme de la lumiere, qui est le Corps de sa Devise.

Le Theatre s'ouvre & represente vne Campagne où l'on découvre des Hameaux des deux costez, & vn Marais dans le fonds; le Ciel fait voir vne Aurore éclatante, qui est suivie du lever du Soleil, dont le Globe brillant s'éleve sur l'horison, dans le temps que les Instrumens achevent de joüer l'Ouverture.

A

PALE'S Déeſſe des Paſteurs, & Meliſſe Divinité des Foreſts & des Montagnes, ſortent des deux coſtez du Theatre, & appellent les Troupes Champeſtres qui ont accoûtumé de les ſuivre.

PALE'S, MELISSE, TROUPE DE NIMPHES, TROUPE DE PASTEURS.

PALE'S.

Haſtez-vous, Paſteurs, accourez;

MELISSE.

La voix des Oyſeaux nous appelle:

PALE'S.

Nos Champs ſont éclairez;

MELISSE.

Nos Coſteaux ſont dorez,

PALE'S.

Tout brille de l'éclat de la clarté nouvelle;

MELISSE.

Mille Fleurs naiſſent dans nos Prez:

PALE'S, & MELISSE.

Que l'Aſtre qui nous luit rend la Nature belle!
Ne perdons pas vn ſeul moment
D'vn jour ſi doux & ſi charmant.
Le Chœur repete les deux derniers Vers.
Le Chœur continuë à chanter.
Admirons, admirons l'Aſtre qui nous éclaire,
Chantons la gloire de ſon cours?

Que tout le Monde revere
Le Dieu qui fait nos beaux jours.

PAN Dieu des Bergers paroiſt accompagné de
oüeurs d'Inſtrumens Champeſtres, & de Dan-
eurs Ruſtiques, qui viennent prendre part à la
éjoüiſſance des Nymphes & des Paſteurs, & tous
nſemble commencent à former vne maniere de
eſte à l'honneur du Dieu qui donne le jour.

PAN.

QVE chacun ſe reſſente
De la douceur charmante,
Que le Soleil répand ſur ces heureux Climas,
Il n'eſt rien qui n'enchante
Dans ces lieux pleins d'appas,
Tout y rit, tout y chante,
Eh pourqnoy ne rirons-nous pas?

LES Danceurs Ruſtiques qui ont ſuivy le Dieu
an, commencent vne Feſte qui eſt interrompuë
ar des bruits ſoûterrains, & par vne eſpece de
Nuit qui obſcurcit le Theatre entierement, &
out à coup; ce qui oblige l'Aſſemblée Cham-
eſtre à fuïr avec des cris de frayeur, qui font
ne maniere de Concert affreux, avec les bruits
ſoûterrains.

A ij

CHOEURS.

QUEL desordre soudain ! quel bruit affreux re
    double !
  Quel épouvantable fracas !
  Quels Gouffres s'ouvrent sous nos pas !
  Le Iour pâlit, le Ciel se trouble ;
La Terre va vomir tout l'Enfer en couroux :
  Fuyons, fuyons, sauvons-nous, sauvons-nous

Dans cette obscurité soudaine, l'Envie sort de
son Antre qui s'ouvre au milieu du Theatre : Elle
évoque le Monstrüeux *Serpent Python*, qui paroist
dans son Marais bourbeux, jettant des feux par la
gueule & par les yeux, qui font la seule lumiere
qui éclaire le Theatre : Elle appelle les Vents les
plus impetueux pour seconder sa fureur, elle en
fait sortir quatre de ceux qui sont renfermez dans
les Cavernes soûterraines, & elle en fait descendre quatre autres de ceux qui forment les orages,
qui tous apres avoir volé & s'estre croisez dans
l'air, viennent se ranger autour d'elle, pour l'aider
à troubler les beaux Jours que le Soleil donne au
Monde.

L'ENVIE.

C'Est trop voir le Soleil briller dans sa Carriere
   Les Rayons qu'il lance en tous lieux,
    Ont trop blessé mes yeux ;
Venez, noirs ennemis de sa vive lumiere,
   Ioignons nos transports furieux.

Que chacun me seconde :
Paroissez, Monstre affreux.
Sortez, Vents soûterrains, des Antres les plus creux,
Volez, Tirans des airs, troublez la Terre & l'Onde,
Répandons la terreur ;
Qu'avec nous le Ciel gronde :
Que l'Enfer nous réponde ;
Remplissons la Terre d'horreur :
Que la Nature se confonde :
Iettons dans tous les cœurs du monde
La jalouse fureur
Qui déchire mon cœur.

L'envie distribuë des Serpents aux Vents, qui forment autour d'elle des manieres de tourbillons.

L'E N V I E continuë à chanter.

Et vous, Monstre, armez-vous pour nuire
A cét Astre puissant qui Vous a sçeu produire :
Il répand trop de biens, il reçoit trop de vœux.
Agitez vos Marais bourbeux :
Excitez contre luy mille vapeurs mortelles :
Déployez, étendez vos aisles,
Que tous les Vents impetueux
S'efforcent d'éteindre ses feux.

Les Vents forment de nouveaux tourbillons, tandis que le *Serpent Python* s'éleve en l'air, par vn rond qu'il fait en volant.

L'ENVIE continuë.

Osons tous obscurcir ses clartez les plus belles,
Osons nous opposer à son cours trop heureux :
*   Quels Traits ont crevé le Nüage ?*
Quel Torrent enflamé s'ouvre un brillant passage?
Tu triomphe, Soleil ? tout cede à ton pouvoir ?
*   Que d'Honneurs tu vas recevoir !*
*   Ah quelle rage ! ah quelle rage !*
*   Quel desespoir ! quel desespoir !*

Des Traits enflamez percent l'épaisseur des Nüages, & fondent sur le *Serpent Python*, qui apres s'estre débatu quelque temps en l'Air, tombe enfin tout embrasé dans son Marais bourbeux; Vne pluye de feu se répand sur toute la Scene, & contraint l'Envie de s'abismer avec les quatre Vents soûterrains, tandis que les Vents de l'Air s'envolent, & dans le mesme instant les Nüages se dissipent, & le Theatre devient entierement éclairé.

L'Assemblée Champestre que la frayeur avoit chassée revient, pour celebrer la Victoire du Soleil, & pour luy preparer des Trophées, & des Sacrifices.

PALE'S.

CHassons la crainte qui nous presse.
MELISSE.
Rien ne doit plus nous faire peur.

PAN.

Le Monstre est mort, l'orage cesse,
Le Soleil est vainqueur.

LE CHOEUR repete.

Le Monstre est mort, l'orage cesse,
Le Soleil est vainqueur.

PALES.

Qu'on luy prepare
De superbes Autels

MELISSE.

Que l'on les pare
D'ornements immortels.

LE CHOEUR.

Conservons la memoire
De sa victoire.
Par mille honneurs divers,
Répandons le bruit de sa gloire
Iusqu'au bout de l'univers.

PALES.

Mais le Soleil s'avance
Il se découvre aux yeux de tous.

LE CHOEUR.

Respectons sa presence
Par vn profond silence,
Escoutons, taisons-nous.

LE SOLEIL sur son Char.

C E n'est point par l'éclat d'un pompeux Sacrifice,
Que je me plais a voir mes soins recompensez,
Pour prix de mes Travaux ce me doit estre assés.
 Que chacun en joüisse ;
Ie fais les plus doux de mes vœux
De rendre tout le Monde heureux.

Dans ces lieux fortunez, les Muses vont descendre,
 Les Ieux galants suivront leurs pas ;
 I'inspire les Chants pleins d'appas
 Que vous allez entendre :
 Tandis que je suivray mon cours.
 Profitez des beaux jours.

Le Soleil s'éleve dans les Cieux, & toute l'Assemblée Champestre forme des Jeux, où les Chansons sont meslées avec les Dances.

LE CHOEUR.

P Rofitons des beaux jours.

PALE'S.

Suivons tous la mesme envie.

LE CHOEUR.

Profitons des beaux jours.

MELISSE.

Aymons, tout nous y convie.

LE CHOEUR.

Profitons des beaux jours.

PALE'S.

PALE'S, & MELISSE enfemble.
Les plus beaux jours de la vie
Sont perdus fans les Amours.
LE CHOEUR.
Profitons des beaux jours.

Tandis que les Nymphes & les Dieux Cham-
peftres dancent avec les Bergers & les Bergeres,
Palés, Meliffe & Pan, meflent leurs voix avec
les Inftruments ruftiques.

PALE'S, MELISSE, & PAN, enfemble.

HEureux qui peut plaire !
Heureux les Amants !
Leurs jours font charmants ;
L'Amour fçait leur faire
Mille doux moments.
Que fert la Ieuneffe
Aux cœurs fans tendreffe ?
Qui n'a point d'amour
N'a pas vn beau jour.

SECOND COUPLET.
En vain l'Hyver paffe ,
En vain dans les Champs
Tout charme nos fens ,
Vne ame de glace
N'a point de Printemps.
Il faut fe défaire
D'vn cœur trop fevere ,

Qui n'a point d'Amour
N'a pas vn beau jour.

Archas vn des Dieux des Forefts chante, & tou
les Inftruments & toutes les Voix luy réponden
tandis que l'Affemblée Champeftre dance, & f
jouë avec des Branches de Chefne, dont elle for
me plufieurs figures agreables.

ARCHAS.

P*Eut-on mieux faire*
Quand on fçait plaire,
Peut-on mieux faire
Que d'aymer bien ?
Quelque embarras que l'Amour faffe
C'eft toûjoûrs vn charmant lien ;
Trop de repos bien fouvent embaraffe,
Que fait-on d'vn cœur qui n'ayme rien ?

SECOND COUPLET.

L'Amour contente,
Sa peine enchante,
L'Amour contente,
Tout en eft bon.
Dans les beaux jours de noftre vie
Les plaifirs font dans leur faifon,
Et quelque peu d'amoureufes folie
Vaut fouvent mieux que trop de raifon.

Fin du Prologue.

ACTE PREMIER.

SCENE PREMIERE.

CADMUS, DEUX PRINCES TIRIENS,
VN PAGE.

PREMIER PRINCE TIRIEN.

VOY, Cadmus, fils d'vn Roy qui tient sous
  sa puissance
Les bords feconds du Nil & les Climats
  brûlez ;
Cadmus, aprés deux ans loin de Tir écoulez,
Estranger chez les Grecs, n'a point d'impatience
De revoir vn Païs dont il est l'esperance ?
Et laisse sans regret tant de cœurs desolez ?

LES DEUX PRINCES TIRIENS ensemble.
Nous suivrons vos Destins par tout sans resistance ;
Faudra-t'il que toûjours nous soyons exilez ?

Le Theatre
change, &
represente
vn Iardin.

B ij

CADMUS.

J'aymerois à revoir, les lieux de ma naissance;
Mais avant que je puisse en goûter la douceur,
J'ay juré d'achever vne juste vengeance.

I^r PRINCE TIRIEN.

Et cependant, Seigneur,
Vous laissez en ces lieux languir vostre grand cœur.

CADMUS.

Aprés avoir erré sur la Terre & sur l'Onde
Sans trouver Europe ma Sœur;
Apres avoir en vain cherché son Ravisseur,
Le Ciel termine icy ma course vagabonde;
Et c'est pour obeïr aux Oracles des Dieux
Qu'il faut m'arrester en ces lieux.

I^r PRINCE.

Si vous trouuez des Dieux dont l'ordre vous engage
A choisir ce sejour;
Le Dieu que vostre cœur consulte d'avantage
Est peut-estre l'Amour.

IIe PRINCE.

Seroit-il bien possible
Qu'vn Heros invincible
Eût vn cœur qu'Amour sçeût charmer?

CADMUS.

Quel cœur n'est pas fait pour aymer?
Et pour estre vn Heros doit-on estre insensible?
Que sert contre Hermione vn courage indompté?
Qui peut n'en pas estre enchanté?
Le Dieu Mars est son Pere,

Elle en a la noble fierté ;
La Mere d'Amour est sa Mere,
Elle en a la beauté.

I^r PRINCE.

A quoy sert un amour qui n'a point d'esperance ?
Hermione est sous la puissance
D'un Tiran qui regne en ces lieux.

CADMUS.

C'est un affreux Geant, c'est un Monstre odieux.

IIe PRINCE.

Il est du sang de Mars, ce Dieu le favorise,
Et c'est enfin à luy qu'Hermione est promise :
Nul autre des Mortels n'en doit estre l'Espoux ;
Et si vous en tentez la fatale entreprise,
La Terre avec le Ciel s'armera contre vous.

CADMUS.

Hé bien je periray si le Destin l'ordonne,
Ie veux délivrer Hermione,
Et si je l'entreprens en vain,
Ie ne sçaurois perir pour un plus beau dessein.

SCENE II.

CADMUS, ARBAS, LES DEUX PRINCES, LE PAGE.

CADMUS.

OV *sont nos Affriquains? que leur Troupe s'avance:*
La Princesse veut voir leur plus galante dance.
   D'ou vient qu'aucun d'eux ne paroist?

ARBAS.

Vos ordres sont suivis, Seigneur, & tout est prest.
   Mais le Tiran s'est mis en teste
Qu'il faut que ses Geans dancent dans cette Feste.

CADMUS.

Comment faire mouvoir des Collosses affreux?

ARBAS.

Quand on luy dit, Comment? il répond, Ie le veux.
   Ces grands Hommes pleins de chimeres
   Sont d'vn raisonnement fascheux;
Et fiers d'estre au dessus des Hommes ordinaires
Pensent que la raison doit estre au dessous d'eux;
   Ie n'ay pû garder de mesures,
I'ay pesté contre luy, j'ay vomy mille injures,
   Ie l'ay nommé Tiran, cent fois.

CADMUS.

On doit toûjours respect aux Roys.

ARBAS.

Eût-il dû m'étrangler, je n'aurois pû me taire :
J'estois trop en colere ;
Si je n'avois rien dit,
J'aurois estouffé de dépit.

CADMUS.

Contentons le Geant, il est icy le Maistre ;
Hermione est soûmise à son cruel pouvoir :
Le Divertissement, tel enfin qu'il puisse estre,
Me vaudra quelque temps le plaisir de la voir.
S'il ne m'est pas permis de luy parler moy-mesme,
Et d'oser dire que je l'ayme ;
Du moins nos Affriquains, par leurs chants les plus
doux,
Pourront l'entretenir de mon amour extrême,
En dépit d'vn Rival jaloux.

Preparons tout en diligence,
Hâtons-nous, la Princesse avance.

ARBAS.

Allons.

CADMUS.

Toy ne suy point mes pas.
Ie vais voir le Geant, il faut que tu l'évite.

ARBAS.

Non, non, nous n'aurons point de bruit ny d'embaras
Pour les injures que j'ay dites,
Ie les disois si bas
Qu'il ne m'entendoit pas.

SCENE III.

HERMIONE, CHARITE, AGLANTE, LA
NOURRICE D'HERMIONE, VN PAGE.

HERMIONE.

CEt aimable séjour
Si paisible & si sombre,
Offre du silence & de l'ombre,
A qui veut éviter le bruit, & le grand jour;
Ah! que n'est-il aussi facile
De trouver vn aZile
Pour éviter l'Amour!

L'impitoyable Tyrannie,
Dont je suy les barbares Loix,
Ne défend pas d'aimer le Chant & l'Harmonie;
Vous, qui me faites compagnie:
Respondez à ma voix.

AGLANTE.

On a beau fuïr l'Amour, on ne peut l'éviter,
On n'oppose à ses traits qu'vne défense vaine,
On s'espargne bien de la peine,
Quand on se rend sans resister.

CHARITE.

La peine d'aimer est charmante,
Il n'est point de cœur qui s'exempte
De payer ce tribut fatal.

Si l'Amour épouvante
Il fait plus de peur que de mal.
                    LA NOURRICE.
    Quel choix est en vostre puissance?
gez à quel Espoux le Ciel vous veut vnir.
                    HERMIONE.
    Ie frémis quand j'y pense,
    Pourquoy m'en fais-tu souvenir?
                    LA NOURRICE.
us estes sans espoir du costé de la Terre:
Roy qui vous retient dans ce charmant séjour,
    A pour luy le Dieu de la Guerre;
    Il a r'assemblé dans sa Cour
s restes des Geants échapez du Tonnerre.
rdez vous pour Cadmus d'vn malheureux amour,
don de vostre cœur luy cousteroit le jour.
                    HERMIONE.
h! quelle cruauté de vouloir me contraindre
ce choix odieux que je ne puis souffrir!
                    LA NOURRICE.
    Tout le Monde vous trouve à plaindre,
rsonne cependant n'ose vous secourir.
                    AGLANTE.
oicy les Affriquains, mais les Geants les suivent.
                    HERMIONE.
uoy par tout des Geans? quoy toûjours nous troubler.
                    CHARITE.
est d'ordinaire ainsi que les plaisirs arrivent.
uelque chagrin fâcheux s'y vient toûjours mêler.

C

SCENE IV.

HERMIONE, CHARITE, AGLANTE, L
NOURRICE, CADMUS, DEUX PRINCE
TIRIENS, TREIZE AFFRIQUAINS DAN
CANTS, ET JOUANS DE LA GUITARRE

Meſſieurs , Beauchamp ſeul, Favier l'aiſné
Leſtang, Faure, Magny, Favier cadet, Joubert
Noblet, Foignac cadet.

Affriquains Joüans de la Guitarre : Meſſieur
Mayeux, Chicaneau, Pezan, Bonard.

Deux autres Affriquains chantans : Arbas, le
Geant : Quatre autres Geants, trois Pages.

V N des Affriquains plante vn grand Palmier
au milieu du Theatre : Cét Arbre eſt orné
de pluſieurs Feſtons & Guirlandes : Les quatre
Geants ſe meſlent avec les Affriquains, & forment
enſemble vne Dance meſlée de Chanſons.

A R B A S chante avec deux Affriquains.

S Vivons, ſuivons l'Amour, laiſſons-nous enflâ
mer,
Ah! Ah! Ah! qu'il eſt doux d'aymer!
PREMIER AFFRIQUAIN.
Quand l'Amour nous l'ordonne.
Souffrons ſes rigueurs,

Cheriſſons ſes langueurs,
Il n'exempte perſonne
ſes traits vainqueurs ;
 Quel peril nous eſtonne ?
 Laiſſons trembler les foibles cœurs.

ARBAS, ET LES DEUX AFFRIQUAINS.

vons, ſuivons l'Amour, laiſſons-nous enflamer,
 Ah! Ah! Ah! qu'il eſt doux d'aymer.

IIᵉ AFFRIQUAIN chantant.

Deux Amants peuvent feindre
 Quand ils ſont d'accord ;
Plus l'Amour trouve à craindre,
 Plus il fait d'effort ;
On a beau le contraindre,
 Il en eſt plus fort.

ARBAS, ET LES DEUX AFFRIQUAINS.

vons, ſuivons l'Amour, laiſſons-nous enflamer, .
 Ah! Ah! Ah! qu'il eſt doux d'aymer !

TOUS TROIS ENSEMBLE.

On n'a rien de charmant
 Ayſément,
Et ſans allarmes :
Mais tout plaiſt, en aymant,
Il n'eſt point de tourment
 Qui n'ait des charmes :
vons, ſuivons l'Amour, laiſſons-nous enflamer,
 Ah! Ah! Ah! qu'il eſt doux d'aymer !

Aprés l'Entrée, Hermione ſe leve de la place où
e eſtoit aſſize prés du Geant, qui la ſuit, & l'ar-

reste dans le temps qu'elle se veut retirer.

LE GEANT.

IL est temps de finir ma peine
Apres tant d'injustes refus.
Où voulez-vous aller? vous fuyez, inhumaine?

HERMIONE.

I'estois pour voir icy vne Dance Affriquaine,
Les Affriquains ne dancent plus.

LE GEANT.

Rien ne doit plus m'estre contraire:
Mars est pour moy, c'est vostre Pere,
C'est luy qui veut vnir vostre cœur & le mien.

HERMIONE.

Ie suis Sœur de l'Amour, & Venus est ma Mere,
S'ils ne sont pas pour vous, les contez-vous pourrir

LE GEANT.

Il faut que vostre destinée
Suive l'ordre du Dieu dont vous tenez le jour,
Et toûjours l'Hymenée
Ne prend pas l'avis de l'Amour.
Vous craignez les raisons dont je puis vous confondre
Vous ne m'écoutez pas? vous voulez m'éviter?

HERMIONE.

Quand on n'a rien à répondre,
A quoy sert-il d'écouter?

LE GEANT.

Ie vous suivray par tout, malgré vostre colere?
Sans cesse à vos regards je veux me presenter:
Et si ce n'est pas pour vous plaire

Ce sera pour vous tourmenter.

SCENE V.

CADMUS, DEUX PRINCES TIRIENS, VN PAGE.

CADMVS.

C'Est trop l'abandonner à ce cruel supplice :
　　Il est temps d'éclater,
　　Et d'oser tout tenter
　　Contre tant d'injustice.

PREMIER PRINCE.

C'est exposer vos jours à d'horribles hazards,
Vous aurez à dompter l'affreux Dragon de Mars.

IIᵉ PRINCE.

Il faut semer ses dents, & voir soudain la Terre
En former des Soldats pour vous faire la guerre.

LES DEUX PRINCES ENSEMBLE.

Voyez à quels dangers vous allez vous offrir.

CADMUS.

Ie ne voy qu'Hermione, & je la voy souffrir :
　Tout cede à cette horreur extréme ;
　Il est moins affreux de mourir
　Que de voir souffrir ce qu'on ayme.

Rien ne me peut épouvanter :
Malgré tant de perils, l'Amour veut que j'espere.

SCENE VI·

JVNON, PALLAS, CADMUS, LES DEUX PRINCES.

JUNON sur son Char.

OV vas-tu, temeraire?
Où cours-tu te precipiter?
C'est l'Espouze & la Sœur du Maistre du Tonnerre,
La Mere du Dieu de la Guerre,
C'est Iunon qui vient t'arrester.

PALLAS sur son Char.

Va, Cadmus, que rien ne t'étonne,
Va, ne craint ny Iunon, ny le Dieu des Combas:
Ose secourir Hermione.
Tu vois dans ton party la Guerriere Pallas,
Cours aux plus grands dangers, je vais suivre tes pas,
C'est Iupiter qui me l'ordonne.

JUNON.

Pallas pour les Amants je declare en ce jour,
Qui l'auroit jamais osé croire?

PALLAS.

Qui peut estre contre l'Amour
Quand il s'accorde avec la Gloire?

JUNON.

Evite un couroux dangereux

PALLAS.

Profite d'vn avis fidelle.
JUNON.
Fuys vn trespas affreux.
PALLAS.
herche dans les perils vne gloire immortelle.
CADMUS.
ntre deux Deïtez qui suspendent mes vœux,
e n'ose resister à pas vne des deux,
Mais je suy l'Amour qui m'appelle.
IUNON.
Ie poursuivray tes jours.
PALLAS.
Ie vole à ton secours.

Iunon & Pallas sont enlevées sur leurs Chars.

Fin du premier Acte.

ACTE SECOND

SCENE · PREMIERE.

ARBAS, CHARITE.

ARBAS.

<table><tr><td>Le Theatre change, & represente vn Palais.</td><td>

Harite, il est trop vray, Cadmus veut entreprendre
De remettre Hermione en pleine liberté :
Il l'a dit au Tiran, & je viens de l'entendre

</td></tr></table>

CHARITE.

Et que dit le Geant ? n'est-il point irrité ?

ARBAS.

Il rit de sa temerité.
Mon Maistre doit voir la Princesse
Avant que d'attaquer le Dragon furieux
Qui veille pour garder ces lieux ;
Et l'Amour qui pour toy me presse
Veut que je vienne aussi te faire mes adieux.
En te voyant, belle Charite,

avois crû que l'Amour fut vn plaisir charmant;
Mais lors qu'il faut que je te quitte
éprouve qu'il n'est point vn plus cruel tourment.

La douleur me saisit, je ne puis plus rien dire . . . .
Quand je pleure, & quand je soûpire,
u ris? & rien n'émeut ton cœur indifferent?

CHARITE.

Tu fais la grimace en pleurant,
Ie ne puis m'empécher de rire.

ARBAS.

a pitié, tout au moins, devroit bien t'engager
prendre quelque part à mes ennuis extrémes.

CHARITE.

S'il est bien vray que tu m'aymes,
Pourquoy veux-tu m'affliger?

ARBAS.

our soulager mon cœur du chagrin qui le presse
e cousteroit-il tant de t'affliger vn peu?

CHARITE.

C'est vn poison que la tristesse,
'Amour n'est plus plaisant dés qu'il n'est plus vn jeu

ARBAS.

n console vn Amant des rigueurs de l'absence
Par de tendres adieux,

CHARITE.

Quand il faut se quitter, vn peu d'indifference
Console encore mieux.

ARBAS.

D

Tu me l'avois bien dit , qu'il eſtoit impoſſible
Que ton barbare cœur perdit ſa dureté.
                CHARITE.
Au moins, ſi tu te plaint de me voir inſenſible,
Tu dois eſtre content de ma ſincerité,

        Puis qu'enfin pour te ſatisfaire
        Ie ne puis pleurer avec toy,
            Si tu voulois me plaire
            Tu rirois avec moy.
                ARBAS.
        C'eſt trop railler de mon martire,
        Le dépit m'en doit délivrer.
        N'eſt-on pas bien fou de pleurer
            Pour qui n'en fait que rire ?
                CHARITE.
            Guery toy , ſi tu peux,
            I'approuve ta colere ;
                Quand on deſeſpere
                Un Cœur amoureux,
            C'eſt par vn dépit heureux
            Qu'il faut ſe tirer d'affaire.

CHARITE & ARBAS enſemble.
                Quand on deſeſpere
                Vn Cœur amoureux,
            C'eſt par vn dépit heureux
            Qu'il faut ſe tirer d'affaire
                ARBAS.
Mais la Nourrice vient , il me faut éloigner.

CHARITE.
u sçais que tu luy plais, la veux-tu dédaigner?
C'est vne conqueste assez belle.
ARBAS.
Si je luy plais, tant pis pour elle.

SCENE II·
LA NOURRICE, ARBAS, CHARITE.
LA NOURRICE.
Voy, dés que je parois, tu fuis au mesme instant?
Lors qu'on a des amis, est-ce ainsi qu'õ les quitte?
ARBAS.
Le temps presse, & Cadmus m'attend.
LA NOURRICE.
Quand tu parlois seul à Charite,
Le temps ne te pressoit pas tant:
Quel charme a-t'elle qui t'attire?
Qu'ay-je qui te fait en aller?
ARBAS.
I'avois à luy parler,
Ie n'ay rien à te dire.
Ie doy suivre Cadmus, nous partons de ce lieu.
LA NOURRICE.
Te dire adieu, du moins, est vne bien-seance,
Dont rien ne te dispence.
ARBAS.
Ie te dis donc adieu.

SCENE III.

LA NOURRICE, CHARITE.
LA NOURRICE.

IL me quitte, l'Ingrat, il me fuït, l'Infidelle!
Ne crains pas que je te r'appelle;
Va, cours, je te laiſſe partir:
Va, je n'ay plus pour toy qu'une haine mortelle:
Puiſſe-tu rencontrer la mort la plus cruelle,
Puiſſe le Dragon t'engloutir.

CHARITE.

Croy-moy, modere
L'éclat de ta colere;
Un dépit qui fait tant de bruit
Fait trop d'honneur à qui nous fuït.

LA NOURRICE.

Ah! vrayment je vous trouve bonne!
Eſt-ce à vous petite Mignonne,
De reprendre ce que je dis?
Attendez l'âge
Où l'on eſt ſage,
Pour donner des avis.

CHARITE.

Ie ſuis jeune, je le confeſſe,
Trouve-tu ce deffaut ſi digne de meſpris?
N'a-t'on point de bon ſens qu'en perdant la jeuneſſe
Il ſeroit bien cher à ce prix.

LA NOURRICE.

Le temps doit meurir les Esprits,
Et c'est le fruit de la Vieillesse.

CHARITE.

Il n'est pas seur que la sagesse
Suive toûjours les cheveux gris.

LA NOURRICE.

Ie souffre peu que l'on me blesse
Par des discours picquans,
Pretens-tu m'insulter sans cesse ?

CHARITE.

Ie respecte trop tes vieux ans.

Mais Cadmus, & la Princesse,
Viennent dans ces lieux ;
Ne troublons pas leurs adieux.

SCENE IV.

CADMUS, HERMIONE.

CADMUS.

IE vais partir, belle Hermione,
Ie vais executer ce que l'Amour m'ordonne,
Malgré le peril qui m'attend ;
Ie veux vous délivrer, ou me perdre moy-mesme ;
Ie vous voy, je vous dis enfin que je vous ayme,
C'est assez pour mourir content.

HERMIONE.

Ah ! Cadmus , pourquoy m'aymez-vous ?
Pourquoy vouloir chercher vne mort trop certaine
Eh ! que peut la valeur humaine
Contre le Dieu Mars en courroux ?
Voyez en quels perils voftre Amour nous entraîne
J'aurois mieux aymé voftre haine :
Ah ! Cadmus , pourquoy m'aymez-vous ?

CADMUS.

Vous m'aymez , il fuffit , ne foyez point en peine
Mon deftin , tel qu'il foit , ne peut eftre que doux.

HERMIONE.

Vivons pour nous aymer, & ceffez de pourfuivre
Le funefte deffein que vous avez formé :
Il doit eftre bien doux de vivre
Lors qu'on ayme , & qu'on eft aymé.

CADMUS.

Sous vne injufte loy je vous vois affervie ;
Seroit-ce vous aymer que le pouvoir fouffrir ?
Lors que pour ce qu'on ayme on s'expofe à perir,
La plus affreufe mort a dequoy faire envie.

HERMIONE.

Mais vous ne fongez pas qu'il y va de la vie :
Faut-il que pour mes jours vous foyez fans effroy
Ie vivray fous l'injufte loy
Où mon cruel deftin me livre,
Mais fi vous periffez pour moy,
Ie ne pourray pas vous furvivre.

CADMUS.

ay besoin de secours, voulez-vous m'accabler?
Ah! Princesse, il est temps de me faire trembler?

HERMIONE.

Soyez sensible à mes allarmes?

CADMUS.

Ie ne sens que trop vos douleurs.

HERMIONE.

Partirez-vous malgré mes pleurs?

CADMUS.

faut aller tarir la source de vos larmes.

HERMIONE.

Quoy vous m'allez quitter?

CADMUS.

Ie vais vous secourir.

HERMIONE.

Ah! vous allez perir!
Vous cherchez une mort horrible;
Mon amour me dit trop que vous perdrez le jour.

CADMUS.

Amour que j'ay pour vous ne croit rien d'impos-
sible:
me flate en partant d'vn bien-heureux retour.

HERMIONE & CADMUS ensemble.

Croyez en mon amour.

HERMIONE.

Vous n'écoutez point ma tendresse?
Rien ne vous retient?

CADMUS.

Le temps presse.

ENSEMBLE.

Au nom des plus beaux nœuds que l'Amour ait
formez,
Vivez, si vous m'aymez.

CADMUS.

Esperons.

HERMIONE.

Tout me desespere.
Que je me veux de mal d'avoir trop sçeu vous plaire!

ENSEMBLE.

Qu'vn tendre amour couste d'ennuis!

HERMIONE.

Vous fuyez?

CADMUS.

Il le faut.

HERMIONE.

Demeurez?

CADMUS.

Ie ne puis.

Ie m'affoiblis plus je differe;
Il faut m'arracher de ce lieu.

HERMIONE.

Ah! Cadmus!

CADMVS.

Hermione!

ENSEMBLE.

Adieu.

SCENE V.

HERMIONE.

Amour, voy quels maux tu nous fais,
Où font les biens que tu promets?
N'as-tu point pitié de nos peines?
Tes rigueurs les plus inhumaines
...t'elles toûjours pour les plus tendres Cœurs?
...qui, cruel Amour, garde-tu tes douceurs?

SCENE VI.

L'AMOUR, HERMIONE.
L'AMOUR fur vn Nuage.

...Alme tes déplaifirs, diſſipe tes allarmes,
L'Amour vient eſſuyer tes larmes,
...bandonne pas ceux qui fuivent fes Loix.

...uvien-toy que tout m'eſt poſſible.

...ien à mon abord ne demeure infenfible,
...pour la divertir tout s'anime à ma voix.

...Statuës d'Or font animées par l'Amour, &
...nt de leurs pieds-d'eſtaux pour dancer.

E

Statuës d'or dançantes : Meſſieurs, Dolivet, Fo
gnac l'aiſné, Mayeux, Bonard, Chicaneau, F
vier cadet, Arnal, Pezan.

L'Amour deſcend, & vient chanter au mili
des Statuës animées.

L'AMOUR.

CEſſeZ de vous plaindre
   De ſouffrir en aimant;
Amants, vous deveZ ne rien craindre,
Si vous ſouffrez, voſtre prix eſt charmant.
   Apres des rigueurs inhumaines
     On aime ſans peines,
     On rit des Ialoux;
     Vn bien plein de charmes
     Qui couſte des larmes,
     En devient plus doux.

SECOND COUPLET.

   Tout doit rendre hommage
   A l'Empire amoureux;
   Il faut toſt ou tard qu'on s'engage,
Sans rien aimer on ne peut eſtre heureux
   Aprés des rigueurs inhumaines, &c.

L'Amour reprend ſa place ſur le Nüage, qui
aporté, les Statuës ſe remettent ſur leurs Pie
deſtaux, tandis que dix petits Amours d'or,
tiennent des Corbeilles pleines de fleurs, ſon
leur tour animez par l'Amour, & viennent p
ſon ordre jetter des fleurs en volant autour d'H
mione.

L'AMOUR.

mours, venez semer mille fleurs sous ses pas.

HERMIONE.

aissez-moy ma douleur, j'y trouve des appas.
Dans l'horreur d'vn peril extrême,
Est-ce là le secours que l'on me doit offrir?
Peut-estre ce que j'aime
Est tout prest de perir.

AMOUR s'envole au milieu des dix Amours.
Ie vais le secourir.

Fin du second Acte.

ACTE IIJ.

SCENE PREMIERE,

LES DEUX PRINCES TIRIENS, ARBA
DEUX AFFRIQUAINS.

PREMIER PRINCE TIRIEN.

Le Theatre
change, &
represente
vn Desert &
vne Grote.

TV détournes bien tes regards?
IIᵉ PRINCE TIRIEN.
As-tu peur du Dragon de Mars?
ARBAS.
La défiance est necessaire,
Il est bon de prevoir vn fâcheux accident,
On ne doit point icy marcher en temeraire.
PREMIER PRINCE.
C'est tres-bien fait d'estre prudent.
ARBAS.
Ie suis hardy quand il faut l'estre;
Si quelqu'vn en doutoit, il pourroit le connoistre.

IIᵉ PRINCE.

Qui voudroit s'attaquer à toy?

Iᵉ PRINCE.

On te croit vaillant sur ta foy.
Mais la couleur de ton visage
Répond mal à ta valeur?

ARBAS.

Est-ce par la couleur
Que l'on doit juger du courage?

IIᵉ PRINCE.

Que tes sens paroissent troublez?
Tu trembles?

ARBAS.

C'est qu'il vous le semble :
Chacun croit que l'on luy ressemble,
C'est peût-estre vous qui tremblez?
Que maudit soit l'Amour funeste
Qui nous fait tant souffrir dans ce mal-heureux jour!
On se soulage quand on peste,
Et l'on ne sçauroit trop pester contre l'Amour.

LES DEUX PRINCES & ARBAS, ensemble.

Gardons-nous bien d'avoir envie
D'estre jamais amoureux :
De tous les maux de la vie
L'Amour est le plus dangereux.

Iᵉ PRINCE.

Cadmus veut essayer de rendre Mars propice,
C'est icy qu'il pretend offrir vn Sacrifice.

IIᵉ PRINCE.
Pour des soins differents il faut nous separer.
LES PRINCES ensemble.
Allons tout preparer.

SCENE II.

ARBAS, DEUX AFFRIQUAINS.
ARBAS.

ACquittons-nous des soins où Cadmus nous en-
gage.
Quel bruit! non, ce n'est rien, courage, amis, courage;
Qu'on a peine à donner du courage en tremblant?
Il ne tient pas à moy que je ne sois vaillant,
Ie tasche au moins de le paraistre;
Ie ne suis pas le seul qui se pique de l'estre,
Et qui n'en fait que le semblant.

Il faut puiser de l'eau pour la ceremonie;
Avancez, je vous suy. Quel Dragon furieux!
LES DEUX AFFRIQUAINS.
O Dieux! ô Dieux!
Dans le temps que les deux Affriquains veulent
puiser de l'eau, le Dragon s'élance sur eux, & les
entraîne.

ARBAS.
Ah! c'est fait de ma vie!

N'est-il point d'arbre, ou de Rocher,
Qui s'entrouve pour me cacher.

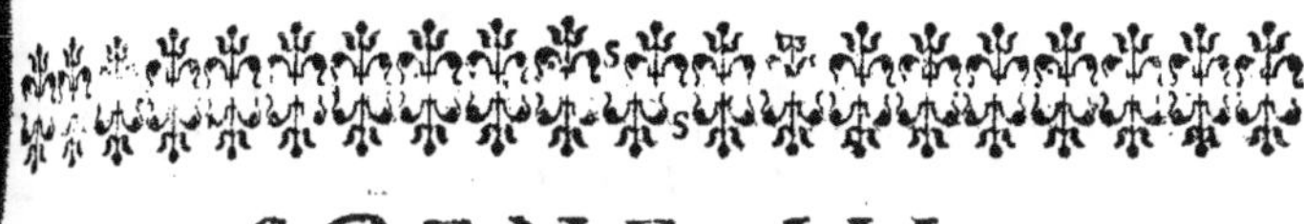

SCENE III.

CADMUS, ARBAS.

CADMUS.

O*V vas-tu?*

ARBAS.
Le Dragon ....
CADMUS.
Hé bien?
ARBAS.
Ah! mon cher Maistre....
CADMUS.

Parle-donc?

ARBAS.
Le Dragon ...
CADMUS.
Où le vois-tu paraistre?
Ie regarde par tout, & je n'apperçois rien.
ARBAS.
Quoy le Dragon nous fuit? mais regardez-vous bien?
CADMUS.
Où sont tes Compagnons? qui t'oblige à te taire?
Tu parois interdit d'effroy?

ARBAS.

Seigneur, vous jugez mal de moy,
Si je suis interdit, ce n'est que de colere.

Mes pauvres Compagnons! helas!
Le Dragon n'en a fait qu'vn fort leger repas.

CADMUS.

Allons il faut que je les vange.

ARBAS.

Quelle haste avez-vous que le Dragon vous mange?
Laissez-le se cacher. Ah! le voila qui sort!
O secours! ô secours! je suis mort! je suis mort.

O Ciel! où sera mon azile?
La frayeur me rend immobile;
Ie ne sçaurois plus faire vn pas:
Ah! cachons-nous, ne soufflons pas.

Arbas se cache, & Cadmus combat contre le
Dragon.

CADMUS, apres avoir tué le Dragon.

Il ne faut plus que je differe
D'engager le Dieu Mars à calmer sa colere!
Si je puis l'adoucir rien ne me peut troubler.

Mes gens sont escartez, il faut les rassembler.

SCENE IV.

ARBAS sortant de l'endroit où il estoit caché.

LE Dragon assouvy de sang & de carnage,
S'est enfin retiré dans quelque Antre sauvage:
Tout est calme en ces lieux, & je n'entens plus rien.
Ie sens revenir mon courage,
Et je croy que je fuïray bien.
Allons conter par tout le trespas de mon Maistre.
Que je plains son funeste sort !
Allons, mais que voy-je paraistre ?
Ce Dragon estendu ! ne fait-il point le Mort ?
Non, je le voy percé, son sang coule, ah ! le traistre !
Ie ne puis contre luy retenir mon courroux,
Et je luy veux donner au moins les derniers coups.

Arbas met l'espée à la main & va percer le Dragon,
qui fait encore quelque mouvement, qui oblige
Arbas à retourner sur le devant du Theatre.

SCENE V.

LES DEUX PRINCES TIRIENS, ARBAS.

PREMIER PRINCE.

Voy l'espée à la main! que faut-il entreprendre?

IIe PRINCE.

De quel peril es-tu preſſé?

LES DEUX PRINCES *enſemble.*

Nous aurons ſoin de te défendre.

ARBAS.

Vous venez un peu tard, le peril eſt paſſé.

LES DEUX PRINCES.

Que voyons-nous! qui l'eût pû croire?
Quoy le Dragon eſt abatu!

ARBAS.

Nous en avons ſans vous remporté la Victoire.

Iᵉ PRINCE.

As-tu ſuivy Cadmus?

IIᵉ PRINCE.

As-tu part à ſa gloire

ARBAS.

Eh, nous n'eſtions pas loing quand il a combatt

LES DEUX PRINCES.

Conte-nous ce Combat.

ARBAS.

I'en ſuis ſi hors d'haleine
Que je ne puis encore m'exprimer qu'avec peine.

Il eſt bon d'eſſuyer ce fer enſanglanté,
De crainte qu'il ne ſoit gaſté.

LES DEUX PRINCES.

Ah! quels chagrins pour nous de manquer l'avantage
De ſignaler noſtre courage!

ARBAS.

Tous ces chagrins, & ces regrets
Sont des ſoins qui ne couſtent guére,

Quand on ne void plus rien à faire
On fait le brave à peu de frais.

PREMIER PRINCE.

n prend peu garde à toy; Cadmus nous rend justice,
Mais il vient, rangeons-nous pour voir le Sacrifice.

SCENE VI.

ADMUS, DEUX PRINCES TIRIENS,
RBAS, LE GRAND SACRIFICATEVR,
EIZE SACRIFICATEURS CHANTANS.

Messieurs, Tiphaine, Estival, Frizon, Poüilla-
n, David, Moreau, le Cointre, Duhamel, Fer-
n l'aisné, Desveloys, Perchot, Aubert, Bony,
rignan, Lagneau, & Paisible.
Vn Timballier, six Sacrificateurs dançans: Mes-
urs, Magny, Favier l'aisné, Foignac l'aisné, Bo-
rd, Chicaneau, Arnal.
Deux Sacrificateurs portent vn Trophée d'Ar-
es qui couvre le Grand Sacrificateur en mar-
ant, jusques au milieu du Theatre.

LE GRAND SACRIFICATEUR.

M*Ars! ô toy qui peux*
Déchaîner quand tu veux
Les fureurs de la Guerre;
O Mars, reçoy nos vœux.

44

LE CHOEUR DES SACRIFICATEURS.
O Mars, reçoy nos vœux.
LE GRAND SACRIFICATEUR.
Ton funeste couroux n'est pas moins dangereux
Que l'éclat fatal du Tonnerre :
O Mars, reçoy nos vœux.
CHOEUR DES SACRIFICATEURS.
O Mars, reçoy nos vœux.
LE GRAND SACRIFICATEUR.
Les Combats sanglans sont tes jeux?
Tu sçais, quand il te plaist, remplir toute la T
De ravages affreux.
O Mars, reçoy nos vœux.
LE CHOEUR.
O Mars, reçoy nos vœux.

Les Sacrificateurs chantants demeurent p
sternez, & les Sacrificateurs dançants font cep
dant vne Entrée au son des Timbales & au b
des Armes, aprés quoy les Sacrificateurs chant
se relevent, & chantent.

LE GRAND SACRIFICATEUR.
M *Ars redoutable !*
Mars indomptable !
O Mars ! ô Mars ! ô Mars !
LE CHOEUR.
Mars redoutable ?
Mars indomptable !
O Mars ! ô Mars ! ô Mars !
LE GRAND SACRIFICATEUR.
O Mars impitoyable !

Est-il revocable
Que ta haine implacable
Accable
Vne ame inébranlable
Au milieu des hazards?

LE CHOEUR.

O Mars! ô Mars! ô Mars!
Mars redoutable!
Mars indomptable!
O Mars! ô Mars! ô Mars!

LE GRAND SACRIFICATEUR.

Que le tumulte des allarmes,
Que le bruit, que le choc, que le fracas des Armes,
Retentisse de toutes parts.

LE CHOEUR.

O Mars! ô Mars! ô Mars!
Mars redoutable!
Mars indomptable!
O Mars! ô Mars! ô Mars!

LE GRAND SACRIFICATEUR.

Qu'on fasse approcher la Victime:
Puisse-t'elle calmer le couroux qui t'anime,
Et n'attirer sur nous que tes plus doux regards:

LE CHOEUR.

O Mars! ô Mars! ô Mars!
Mars redoutable!
Mars indomptable!
O Mars! ô Mars, ô Mars!

SCENE VII.

MARS paroiſt ſur ſon Char, & interrom[pt]
les Sacrificateurs.

MARS.

C'Eſt vainement que l'on eſpere
Que d'inutils vœux appaiſent ma colere;
Ie ne revoque point mes Loix.
Si Cadmus veut me ſatisfaire
Qu'il acheve, s'il peut, de meriter mon choix?
Vn vain reſpect ne peut me plaire,
On ne ſatisfait Mars que par de grands Exploits

Vous, que l'Enfer a nourries
Venez, cruelles Furies,
Venez, briſez, l'Autel en cent morceaux eſpars?

LE CHOEUR.

O Mars! ô Mars! ô Mars!

Quatre Furies deſcendent qui briſent l'Autel,
& s'envolent enſuite, tenant chacune vn tiſon
du Sacrifice à la main. Le Char de Mars tourne
dans le meſme temps, & l'emporte au fonds du
Theatre, où l'on le perd de veuë, & tous les Sacrificateurs & les Aſſiſtans ſe retirent, en criant,
ô Mars?

Fin du troiſiéme Acte.

ACTE IVᵉ
SCENE PREMIERE.
CADMUS, ARBAS.

CADMUS.

Oicy le *Champ de Mars*, il faut que sans remise
 l'achéve icy mon entreprise;
 l'ay les dents du Dragon, & je vais les semer.

Le Theatre change, & represente le Champ de Mars.

ARBAS.
Ce sont des ennemis que vous verrez former :
 Tant de Soldats armez, vont naistre,
Que vous serez d'abord accablé de leurs coups ;
 Et vous ne songez pas, peut-estre,
Que vous n'avez icy que moy seul avec vous.
CADMUS.
 Ie ne veux exposer personne,
 Au peril où je m'abandonne ;

Ie doy combattre seul, & ne retiens que toy:
Tu connois mon amour, je suis seur de ta foy,
Ie veux bien que tu sois le dernier qui me quitte.

ARBAS.

Seigneur, vous m'honorez plus que je ne merite.

CADMUS.

Si je ne fais qu'vn vain effort,
Accomply ce que je t'ordonne :
Si tost que tu sçauras ma mort,
Haste-toy de voir Hermione ;
Va, porte-luy mes derniers veux,
Qu'elle vive, il suffit de plaindre vn mal-heureux,
Qu'elle ait soin de garder le souvenir fidelle
D'vne flâme si belle ;
C'est l'vnique prix que je veux
De ce que j'auray fait pour elle.

Ie ne pretens plus t'arrester.
Laisse-moy.

ARBAS.
Faut-il vous quitter ?

CADMUS.

Ie le veux, obeïs.

ARBAS.
Ah ! quelle violence,
Seigneur, exigez-vous de mon obeïssance ?

SCENE II.

L'AMOUR, CADMUS.

L'AMOUR *fur vn Nüage brillant.*

Admus, reçoy le don que je viens t'aporter:
C'eft l'Ouvrage du Dieu qui forge le Tonnerre;
  Ne manque pas de le jetter
u milieu des Soldats enfantez par la Terre.

  Il faut faire voir en ce jour
que peut vn grand Cœur fecondé par l'Amour.

chéve le deffein où mon ardeur t'engage.

CADMUS.

e vais obeïr fans tarder davantage.

L'AMOUR, & CADMUS *enfemble,*

  Il faut faire voir en ce jour
que peut vn grand Cœur fecondé par l'Amour.

'Amour s'envole ; & Cadmus feme les dents du
ragon, dont la Terre produit des Soldats armez,
i fe preparét d'abord à tourner leurs armes con-
Cadmus, mais il jette au milieu d'eux vne ma-
re de Grenade, que l'Amour luy a aportée, qui
brife en plufieurs éclats, & qui infpire aux Com-
ttans vne fureur qui les oblige à combattre les
s contre les autres, & à s'entrégorger eux mef-
es.

G

Huit Soldats armez nés de la Terre, combatta
Meffieurs : Faure, Leftang , Joubert, Favier cad
Foignac cadet , Mayeux , Noblet , Pezan.

Les cinq derniers qui demeurent vivants , vi
nent aporter leurs Armes aux pieds de Cadmu

SCENE III.

CADMUS, les Combattans néz de la Te

ECHION, Combattant.

ARreftons vn tranfport funefte;
Pourquoy nous immoler en naiffant dans ces Lie
 Refervons le fang qui nous refte,
Pour fervir vn Heros favorifé des Dieux.

CADMVS.

Allez : que dans ces murs chacun de vous s'emp
 De rendre hommage à la Princeffe
Qui doit donner icy des ordres abfolus ;
 Vos premiers refpects luy font deubs
Ie vous fuivray de prés, c'eft ma plus douce env

Les Combattans obeïffent à Cadmus qui deme
pour chercher & pour r'affembler les Tiriens

Cherchons nos Tiriens , ils tremblent pour ma vi
Allons les r'affurer, voyons de toutes parts.

SCENE IV.

LE GEANT, CADMUS.

LE GEANT.

Non ce n'est point assez d'avoir satisfait Mars:
Tu vois vn Ennemy qu'il faut encore abattre,
Au lieu de triompher recommence à combatre.

CADMUS.

Combattons.

LE GEANT.

I'ay pitié du peril que tu cours:
Il m'est honteux de vaincre avec tant d'avantage;
Va, fuïs, & cede moy l'Objet de nos amours.
Tu n'auras plus de Dieux qui deffendent tes jours.

CADMUS.

Les Dieux m'ont donné du courage,
Et c'est vn assez grand secours

LE GEANT.

Voyons s'il n'est rien qui t'étonne

SCENE V.

LE GEANT, TROIS AUTRES GEANTS PALLAS, CADMUS.

LE GEANT.

Qu'on vienne à moy, qu'on l'environne !
Qu'on le perce de tous costez.

PALLAS assize sur vn Hibou volant.
Cadmus ferme les yeux. Perfides arrestez.

Pallas découvre son Bouclier & le presente aux
yeux des quatre Geants, qui demeurent immo-
biles, & déviennent dans vn instant quatre Statuës
de pierre.

PALLAS.

Voy, Cadmus, voy quel supplice
A puny leur injustice.

CADMUS.

Que voy-je ! les Geants armez
Ne font plus des corps animez !

PALLAS.

Ie t'ay promis mon assistance,
Ie vais te preparer vn superbe Palais :
Ie veux joindre aux douceurs d'vn Hymen plein
d'attraits,

L'éclat, & la magnificence.

Goûte en paix vn sort glorieux.
Va, n'écoute plus rien que l'amour qui t'anime ;
Hermione vient dans ces lieux.

CADMUS.

Par quel remerciement faut-il que je m'exprime?

PALLAS s'envolant.

Proteger la vertu d'vn Prince magnanime
C'est le plus doux employ des Dieux.

SCENE VI.

CADMUS, HERMIONE, Suite d'Hermione, & de Cadmus.

CADMUS.

M A Princesse!

HERMIONE.

Cadmus!

CADMUS.

Quel bon-heur!

HERMIONE.

Quelle gloire!

CADMUS.

Ie vous vois libre enfin !

HERMIONE.

Ie vous revoy vainqueur?

CADMUS.

Quelle favorable Victoire!

HERMIONE.

Quelle a cousté cher à mon cœur!

CADMUS.

Que c'est vn charmant avantage
Que de pouvoir sauver d'vn cruel esclavage
La Beauté dont on est charmé.

HERMIONE.

Que c'est vn sort digne d'envie
Que de pouvoir tenir le bon-heur de sa vie,
De la main d'vn Vainqueur aymé.

CADMUS & HERMIONE ensemble.

Apres des rigueurs inhumaines,
Le Ciel favorise nos vœux;
Ah! que le souvenir des peines
Est doux quand on dévient heureux.

CADMUS.

Dieux! je ne voy plus Hermionne!
Quel Nüage espais l'environne!

Vn Nüage s'éleve de la Terre qui envelop
Hermione.

SCENE VII.

JUNON, CADMUS, HERMIONE, Suite.

T JUNON sur vn Paon.
V vois l'effet de mon courroux,

Il faut combattre encor Iunon & sa puissance :
Le soin que prend pour toy mon infidelle Espoux
Attire sur tes feux l'éclat de ma vengeance.
Iris détruit l'espoir de cét Audacieux ?
Enléve sur ton Arc Hermione à ses yeux.
Execute à l'instant ce que Iunon t'ordonne.

HERMIONE enlevée sur l'Arc-enCiel.

O Ciel !

TOUS ENSEMBLE.

O Ciel ; ô Ciel ! Hermione ! Hermione !

Fin du quatriéme Acte.

ACTE Vᵉ

SCENE PREMIERE,

CADMUS seul.

Le Theatre
change, &
represente
le Palais que
Pallas a pre-
paré pour
les Nopces
de Cadmus,
& d'Her-
mione

BElle Hermione, helas ! puis-je estre heureux
*   sans vous ?*
Que sert dans ce Palais la pompe qu'on
prepare ?
Tout espoir est perdu pour Nous :
Le bon-heur d'un Amour si fidelle, & si rare,
Iusqu'entre les Dieux a trouvé des jaloux.
Belle Hermione, helas ! puis-je estre heureux sans vous ?

Nous nous estions flattez que nostre sort barbare
*   Avoit épuisé son courroux :*
*   Quelle rigueur quand on separe*
Deux Cœurs prests d'estre vnis par des Liens si doux ?
Belle Hermionne, helas ! puis je estre heureux sans vous.

SCENE II.

PALLAS, CADMUS.

PALLAS sur vn Nüage.

TEs vœux vont estre satisfaits ;
Iupiter & Iunon ont finy leur querelle,
L'Amour luy-mesme a fait leur paix s
Mon Hermione enfin descend dans ce Palais,
Les Dieux s'avancent avec elle ;
Le Ciel veut que ce jour soit celebre à jamais.

SCENE III.

Les Cieux s'ouvrent, & tous les Dieux paroissent, & s'avancent pour accompagner Hermione
qui descend dans vn Trosne à costé de l'Hime-
née, qui donne sa place à Cadmus, & se met au
milieu des deux Espoux.

Troupe de Divinitez tant dans les Cieux que sur
Terre : Mesdemoiselles Ferdinand l'aisnée, &
Iuvigny. Messieurs, Tiphaine, Moreau, Bernard,
David, Poüilladon, Fizon, le Cointre, Rebel, De-
clois, le Maire, Perchot, Aubert.
La Suite de Cadmus & celle d'Hermione viennét

H

prendre part à la réjoüiſſance des Dieux, & Jupiter commence à inviter les Cieux & la Terre à
contribuer au bon-heur de ces deux Amants.

JUPITER.

QVe ce qui ſuit les Loix du Maiſtre du Tonnerre
 Que les Cieux & la Terre
S'accordent pour combler vos vœux.

Apres vn ſort ſi rigoureux,
Apres tant de peines cruelles,
Amants fidelles,
Vivez heureux.
TOUS LES COEURS répondent.
Apres vn ſort ſi rigoureux,
Apres tant de peines cruelles,
Amants fidelles,
Vivez heureux.
L'HIMEN.
L'Himen veut vous offrir ſes Chaînes les plus belles.
JUNON.
Iunon en veut former les nœuds.
LES CHOEURS.
Amants fidelles
Vivez heureux.
VENUS.
Venus vous donnera des douceurs eternelles.
MARS.
I'écartery de vous les fatales querelles,

Et les Ennemis dangereux.

LES CHOEURS.

Amants fidelles,
Vivez heureux.

PALLAS.

Attendez de Pallas mille faveurs nouvelles.

L'AMOUR.

Amour conservera toûjours de si beaux feux,

LES CHOEURS.

Aprés vn sort si rigoureux,
Apres tant de peines cruelles,
Amants fidelles,
Vivez heureux.

JUPITER.

Himen, prend soin icy des Dances & des Ieux.

LES CHOEURS.

Amants fidelles,
Vivez heureux.

L'HIMEN.

Venez, Dieu des Festins, aimables Ieux, venez;
Comblez de vos douceurs ces Espoux fortunez,
Tandis que tout le Ciel prepare
Les Dons qu'il leur a destinez,
La Terre y doit mesler ce qu'elle a de plus rare.
Venez, Dieu des Festins, aimables Ieux, venez!
Comblez de vos douceurs ces Espoux fortunez.

Comus dançant seul : Monsieur Beauchamps.
Quatre Suivans de Comus : Messieurs, Favier l'ais-

né, Faure, Leſtang, Magny. Quatre Hamadriad
Meſſieurs, Bonard, Arnal, Noblet, Favier cade
ſortent de la Terre avec des Corbeilles pleines
fruits. Comus commence à dancer ſeul.

ARBAS ET LA NOURRICE enſemble.

SErons-nous dans le ſilence
Quand on rit, & quand on dance:
Les chagrins ont eû leur temps,
Pour jamais le Ciel les chaſſe,
Les Plaiſirs ont pris leur place;
Quand deux Cœurs ſont conſtants,
Où toſt ou tard ils ſont contents.

Qu'il eſt doux quand on ſoûpire,
De ſortir d'vn long martire:
Les chagrins ont eû leur temps;
Pour jamais le Ciel les chaſſe,
Les Plaiſirs ont pris leur place;
Quand deux Cœurs ſont conſtants,
Où toſt ou tard ils ſont contents.

Des Amours font deſcendre du Ciel ſous vn
eſpece de petit Pavillon, les Preſents des Dieu
attachez à des Chaînes galantes. Les Hamadri
des & les Suivants de Comus les portent aux deu
Eſpoux, & forment vne Dance, où Charite me
vne Chanſon.

CHARITE.

AMants, aymez vos chaînes,
Vos ſoins, & vos ſoûpirs;

L'Amour ſuivant vos peines,
Meſure vos plaiſirs.
Il cauſe des allarmes,
Il vend bien cher ſes charmes;
Mais pour vn ſi grand bien
Tous les maux ne ſont rien.

Sans vne aimable flâme
La vie eſt ſans appas:
Qui peut toucher vne ame
Qu'Amour ne touche pas?
Il cauſe des allarmes,
Il vend bien cher ſes charmes;
Mais pour vn ſi grand bien
Tous les maux ne ſont rien.

Tous les Dieux du Ciel & de la Terre recommencent à chanter: Les Hamadriades, & les Suivants de Comus continüent à dancer; & ce mélange de Chants & de Dances forme vne réjoüiſſance generale, qui acheve la Feſte des Nopces de Cadmus & d'Hermione.

TOUS LES CHOEURS.
Apres vn ſort ſi rigoureux,
Apres tant de peines cruelles,
Amants fidelles
Vivez heureux.
Fin du cinquiéme & dernier Acte.

PRIVILEGE DV ROY.

LOUIS par la grace de Dieu Roy de France & de Navarre: A nos amez & féaux Conseillers, les Gens tenans nos Cours de Parlement, Mailtres des Requeltes ordinaires de noltre Holtel, & du Palais, Baillifs, Seneschaux, leurs Prevolts, & leurs Lieutenans, & tous autres nos Iulticiers & Officiers qu'il appartiendra, SALVT. Noltre bien amé Iean Baptilte Lully Sur-Intendant de la Mulique de noltre Chambre, Nous a fait remonltrer que les Airs de Mulique qu'il a cy-devant composez, ceux qu'il compole journellement par nos ordres, & ceux qu'il lera obligé de compoler à l'avenir pour les Pieces qui leront reprelentées par l'Academie Royale de Mulique, laquelle Nous luy avons permis détablir en noltre bonne Ville de Paris, & autres lieux de noltre Royaume où bon luy lemblera, eltant purement de lon invention, & de telle qualité que le moindre changemét ou obmillion leur fait perdre leur grace naturelle; de lorte que comme lon elprit leul les produit pour les appliquer aux lujets qu'il y trouve proportionnez, nul autre ne peut li bien que luy rendre lesdits Ouvrages publics dans leur perfection, & avec l'exactitude qui leur elt doué. Et d'ailleurs, il elt julte que li leur imprellion doit aporter quelque avantage, il revienne plûtolt à l'Autheur pour le recompenler de lon travail, & de partie des frais qu'il avance pour l'execution des Delleins qu'il doit faire reprelenter par ladite Academie, qu'à de limples Copiltes qui les imprimeroient, lous pretextes de Permillions generales ou particulieres qu'ils peuvent avoir obtenuës par lurprifes ou autrement; ce qui l'oblige d'avoir recours à nos Lettres lur ce necellaires. A CES CAVSES; Voulans favorablement traitter l'Expolant, Nous luy avons permis & accordé, permettons & accordons par ces Prelentes, de faire imprimer par tel Libraire ou Imprimeur, en tel volume, marge, caractere, & autant de fois qu'il voudra, avec Planches & Figures, tous & chacuns les Airs de Mulique qui leront par luy faits; comm'aulli les Vers, Paroles, Sujets, Delleins & Ouvrages lur lelquels lesdits Airs de Mulique auront elté compolez, lans en rien excepter, & ce pendant le temps de trente années, conlecutives, à commencer du jour que chacun deldits Ouvrages leront achevez d'imprimer, iceux vendre & debiter dans tout noltre Royaume, par luy ou

par autre ainſi que bon luy ſemblera , ſans qu'aucun trouble ny empê-
chement quelconque luy puiſſe eſtre aporté, meſme par ceux qui pre-
endent avoir de Nous Privilege pour l'impreſſion des Airs deMu-
ſique & Ballets, leſquels pour ce regard en tant que beſoin eſt ou ſe-
oit, Nous avons revoqué & revoquons par ceſdites preſentes; Faiſant
res-expreſſes inhibitions & défenſes à tous Libraires, Imprimeurs,
Colporteurs, & autres perſonnes de quelque qualité qu'elles ſoient,
d'imprimer, faire imprimer, vendre & diſtribuer leſdites Pieces de
Muſique, Vers, Paroles, Deſſeins, Sujets, & generalement tout ce
qui a eſté & ſera compoſé par ledit Lully, ſous quelque pretexte que
ce ſoit, meſme d'impreſſion étrangere & autrement, ſans ſon conſen-
tement, ou de ſes ayans cauſe , ſur peine de confiſcation des Exemplaires contrefaits, dix mil livres d'amende , tant contre ceux qui les au-
ont imprimez & vendus, que contre ceux qui s'en trouveront ſaiſis &
de tous dépens, dommages & intereſts; à la charge d'en mettre deux
Exemplaires en noſtre Biblioteque publique, vn en noſtre Cabinet
des Livres de noſtre Château du Louvre, & vn en celle de noſtre
tres cher & féal Chevalier, Garde des Sceaux de France, le S^r d'Aligre,
à peine de nullité des preſentes. Du contenu deſquelles , vous mandons & enjoignons faire joüir l'Expoſant & ſes ayans cauſe plaine-
ment & paiſiblement, ceſſant & faiſant ceſſer tous troubles & empeſ-
chemens au contraire ; Voulons qu'en mettant au commencement
ou à la fin deſdits Livres l'Extrait des Preſentes , elles ſoient ténuës
deuëment ſignifiées, & qu'aux copies collationnées par l'vn de nos
amez & feaux Conſeillers & Secretaires, foy ſoit ajoûtée comme à
l'Original. Mandons au premier noſtre Huiſſier ou Sergent, faire
pour l'execution des preſentes , toutes ſignifications, défenſes , ſaiſies,
& autres actes requis & neceſſaires, ſans pour ce demander autre per-
miſſion, nonobſtant oppoſitions ou appellations quelconques , dont
il aucunes interviennent, Nous nous en reſervons & à noſtre Conſeil
la connoiſſance , & icelle interdiſons & défendons à tous autres Iuges:
CAR tel eſt noſtre plaiſir. DONNE' à Verſailles vingtiéme jour de
Septembre, l'an de grace mil ſix cens ſoixante-douze, & de noſtre
Regne le trentiéme. Signé, LOUIS. Et plus bas : Par le Roy,
COLBERT. Et ſcellé du Sceau de cire jaune.